INSTRUMENTOS
MUSICALES
Los chelos
Ruth Daly
AV2
SPANISH
www.av2books.com

Step 1
Go to **www.av2books.com**

Step 2
Enter this unique code
AVM65387

Step 3
Explore your interactive eBook!

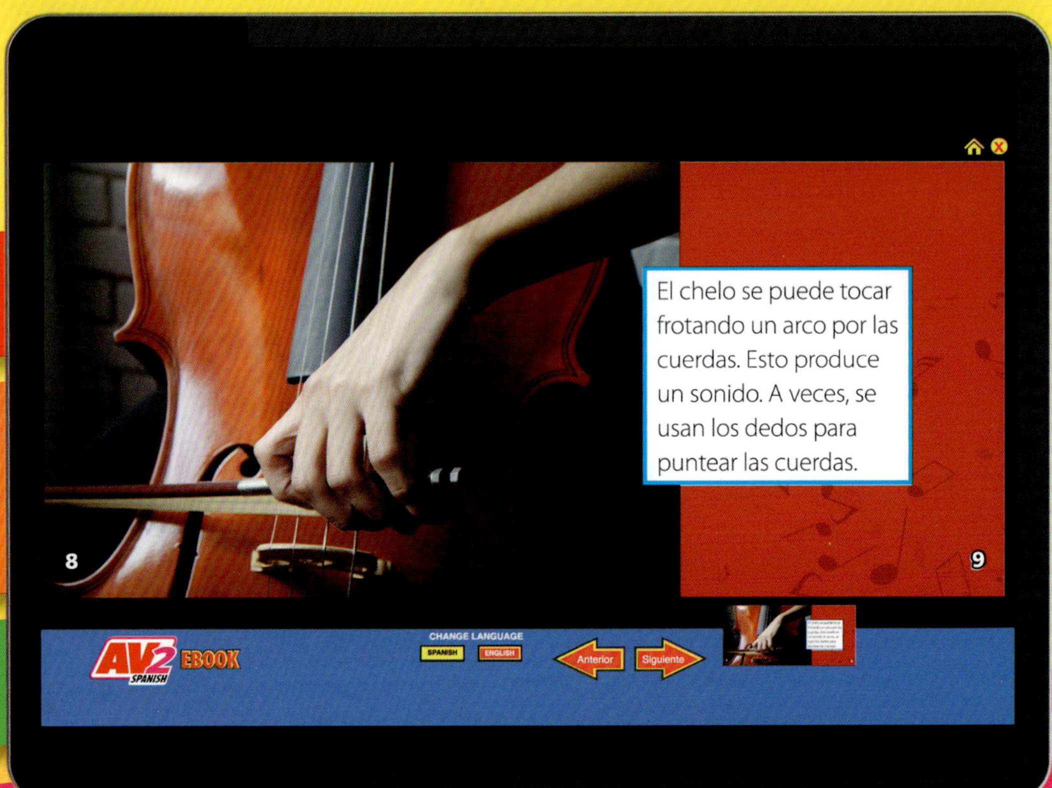

AV2 Spanish is optimized for use on any device

Media Enhanced Book
Every hardcover Spanish title comes with two free eBooks for a complete bilingual experience

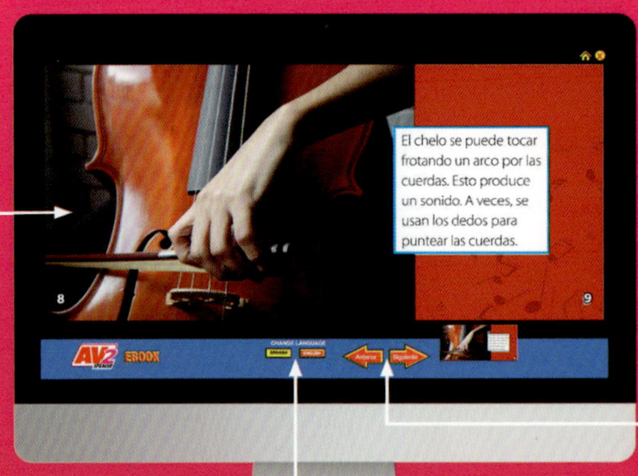

AV2 Page Controls
An intuitive design allows users to go back and forth through the pages in their selected language

Language Toggle
Users can toggle between Spanish and English to learn the vocabulary of both languages

View new titles and product videos at www.av2books.com

Los chelos

En este libro, aprenderás sobre

los chelos

qué son

cómo se tocan

¡y mucho más!

Frota las cuerdas. Mueve el arco. Escucha las notas graves del chelo.

El chelo es uno de los instrumentos de cuerdas más grandes. La mayoría de los chelos tienen cuatro cuerdas. Cada cuerda hace un sonido diferente. Los chelos también tienen dos orificios por donde sale el sonido.

Los chelos eléctricos tienen entre cuatro y seis cuerdas

El chelo se puede tocar frotando un arco por las cuerdas. Esto produce un sonido. A veces, se usan los dedos para puntear las cuerdas.

Los chelos son instrumentos grandes y pueden ser muy pesados. Hay que sentarse para tocarlos.

Hay diferentes tipos de chelos. El chelo eléctrico se enchufa a un amplificador. Esto hace que suene más fuerte.

KH-75
75 WATT GUITAR AMPLIFIER
Randall
effects
pre gain
low
mid
high
post gain
master
ON
POWER
standby
Peavey
Marshall

La mayoría de los chelos son de madera. Tienen un puntal que se apoya en el suelo. El puntal impide que el chelo se mueva al tocarlo.

El chelo se toca desde hace unos 500 años. Beethoven fue un compositor que vivió hace muchos años y escribió música para instrumentos como el chelo.

El primer chelo se fabricó en Italia.

Los chelos se usan en la música de cámara, donde toca solo un pequeño grupo de músicos. Los chelos también se usan en la música rock.

Los chelistas a veces tocan en grupos llamados coros de chelos.

El chelo puede tocarse solo o junto con otros instrumentos. Los chelos se tocan en las orquestas. Las orquestas tienen entre 8 y 12 chelos.

Veamos qué has aprendido sobre los chelos.

¿Cuáles de estas imágenes no muestran a un chelo?

Step 1
Go to **www.av2books.com**

Step 2
Enter this unique code
AVM65387

Step 3
Explore your interactive eBook!

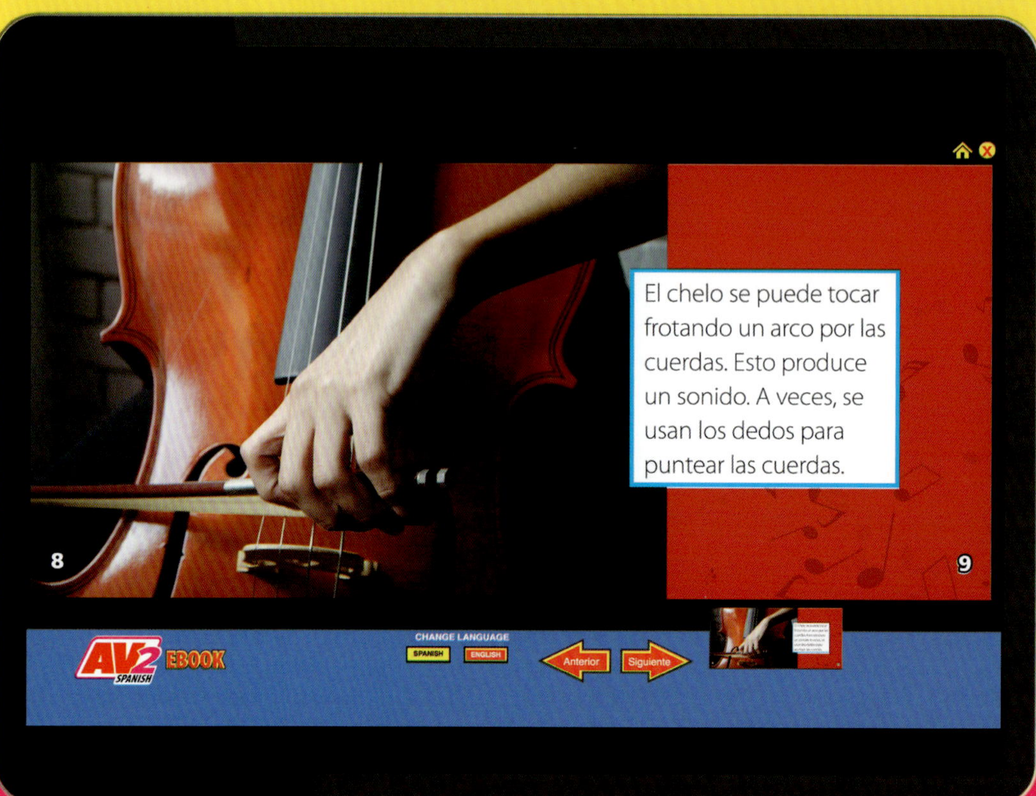

AV2 Spanish is optimized for use on any device

Published by AV2
350 5th Avenue, 59th Floor New York, NY 10118
Website: www.av2books.com

Library of Congress Control Number: 2019955512

ISBN 978-1-7911-2228-7 (hardcover)
ISBN 978-1-7911-2229-4 (multi-user eBook)

Printed in Guangzhou, China

1 2 3 4 5 6 7 8 9 0 24 23 22 21 20

032020
101719

Spanish Project Coordinator: Sara Cucini Spanish Editor: Translation Services USA LLC
Designer: Nick Newton English Project Coordinator: John Willis

AV2 acknowledges Alamy, Getty Images, and iStock as the primary image suppliers for this title.

View new titles and product videos at www.av2books.com